Martina Dannheimer

1 Tag in Rom – Martinas Kurztrip zu Papst, Pizza und Piazza

Bibliografische Information der Deutschen Nationalbibliothek:

Die Deutsche Nationalbibliothek verzeichnet diese Publikation in der Deutschen Nationalbibliografie; detaillierte bibliografische Daten sind im Internet über http://dnb.d-nb.de abrufbar.

Impressum:

Lektorat: Caroline Schnitzer, Peter Schmid-Meil

Copyright © 2018 GRIN & Travel

Ein Imprint der Open Publishing GmbH

Die Lust an Städtereisen

„Nicht nur lange Reisen machen Spaß", das ist das Motto, nach dem ich lebe und mit dem ich meine Reiselust stille. Mit meinen Berichten „1 Tag in ..." möchte ich zu Kurztrips inspirieren, aufzeigen, was man alles an einem Tag erleben kann, oder einfach nur unterhalten. Hier gibt es jede Menge Tipps und Karten zum Nachmachen für alle, die wenig Zeit zum Reisen haben, oder deren Geldbeutel – wie meiner – nicht endlos gefüllt ist.

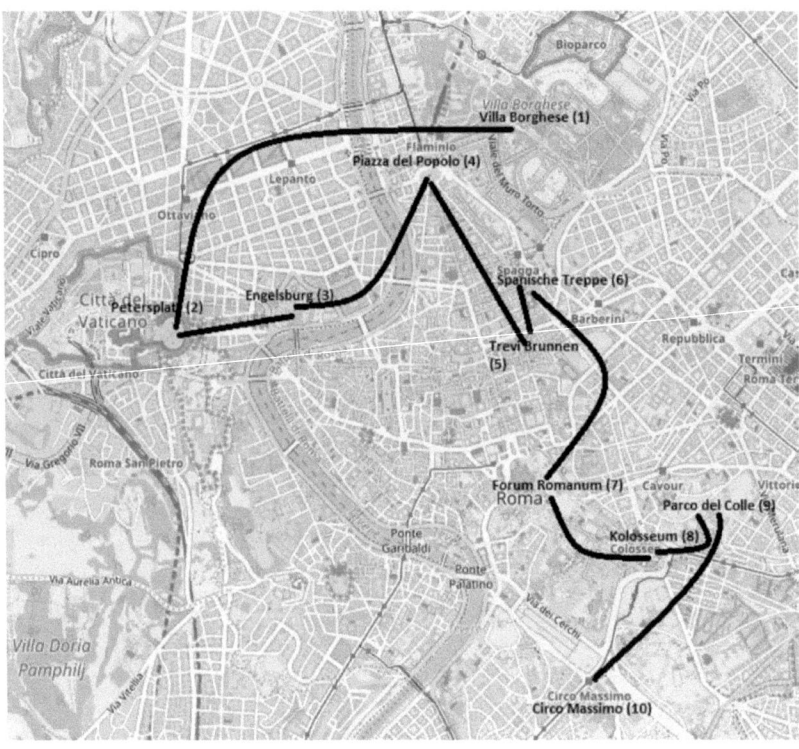

Rom-Route Teil 1. Quelle: OpenStreetMap und Mitwirkende, CC BY-SA

1

In der ewigen Stadt

Anreise auf Umwegen, oder „Alle Wege führen nach Rom"

Alle Wege führen nach Rom. Selbst wenn es per Bus durch Geiselharz geht. Zur Erklärung: Als meine Mama und ich bequem am Allgäu Airport in den Billigflieger steigen wollten, durchkreuzte dichter Nebel unsere Pläne. Kurz vor dem Boarding wurden alle Passagiere in den Bus nach Friedrichshafen verfrachtet. In Memmingen fehlte es offensichtlich an der notwendigen Beleuchtung der Start- und Landebahn. Mit sage und schreibe drei Stunden Verspätung, ich schwankte permanent zwischen Lachen und völligem Ausflippen, stiegen wir schließlich in Rom-Ciampino in den Shuttle-Bus. Und weitere 40 Minuten später am Roma Termini, dem Hauptbahnhof, wieder aus. Hektisch riss ich mir die Jacke vom Leib, denn hier war der Sommer noch anwesend. Nach einem entschädigenden, üppigen, sauleckeren Abendessen und einer eher kurzen Nacht nahe der Villa Borghese (1) brachen wir am nächsten Morgen zur selbigen, also zum imposanten Stadtpark, auf. Gleich stachen mir die wunderschönen Bäume ins Auge, eine Art Stamm samt Nest obenauf. Auch sonst zog mich der Stadtpark – gerade in den Morgenstunden super idyllisch – in seinen Bann. Alle zwei Meter eine Statue oder ein Brunnen, dazwischen Jogger, Brotzeitwägen, und sogar am Zoo kamen wir vorbei. Doch nach einer Stunde mussten wir die grüne Oase wieder verlassen. Der Hunger machte das Flanieren nicht mehr mit.

Am Zoo

Villa Borghese

Besuch beim Papst

In Rom ein Café zu finden, ist leicht, und somit hockten wir kurz darauf mit Cappuccino und zuckersüßem Gebäckteil am winzigen Tisch. In Italien beinahe ein Fauxpas. Denn gefrühstückt wird im Stehen. Zeit investiert man fürs morgendliche Speisen nicht. „Die würgen alle ihr Hörnchen runter und schütten schnell den Kaffee rein", analysierte meine Mama treffend das Frühstücksprocedere. Trotz unseres Fehlverhaltens waren wir gestärkt und trabten, jawohl trabten, nun in Richtung Vatikan. Der Grund für die früh-morgendliche Eile: Unser Papst gibt jeden Mittwoch um 10.30 Uhr eine Generalaudienz. Sagte zumindest der Reiseführer. Als wir dann inmitten des XXL-Touristenpulks an unserem Etappenziel ankamen, erfuhren wir, dass die Audienz tatsächlich stattfindet. Wir warteten also geduldig in der Schlange, bis wir den Sicherheitsscheck durchliefen und endlich auf dem Petersplatz (2) standen. Wow. Im 20-sekündigen Rundumblick bewunderten wir die beiden Brunnen, den Obelisken und überhaupt das ganze Flair. Es hat schon was, wenn Menschen aus der ganzen Welt auf einem Fleck genau auf das Gleiche warten.

Ansturm auf den Petersplatz

5

Bei der Papst-Audienz auf dem Petersplatz

Der Papst kommt!

Im Petersdom

Bis Herr Ratzinger kam, dauerte es noch ein paar Minütchen. Auf der Suche nach einem Sitzplatz winkte uns ein sympathischer Asiate zu den zwei freien Plätzen neben sich. Die Stimmung war genauso toll wie das Wetter, somit die Wartezeit selbst schon ein Erlebnis. Plötzlich sprangen die geschätzten 30.000 Menschen auf, klatschten und jubelten frenetisch. Wer einen Stuhl ergattern konnte, stand auf selbigem. Wir ebenfalls. „Wo ist er denn", fragte ich aufgeregt meine Mama. „Can you see him?", schrie ich meinen Sitz-/Stehnachbarn an. Konnte er - und ich jetzt auch. In seinem Papamobil fuhr Benedikt XVI. durch seine Fangemeinde. Als er zum Anfassen nah bei uns vorbeikam, konnte ich meine Ganzkörper-Gänsehaut nicht mehr in Schach halten. Erst recht nicht, als die Anwesenden in verschiedensten Sprachen begrüßt wurden. Ein ergreifendes Erlebnis, das bis zur Mittagszeit dauerte. Im überwältigten Gemütszustand besichtigten wir anschließend den Petersdom, bevor wir in Richtung Innenstadt spazierten.

Weiter geht's – im Hintergrund die Kuppel vom Petersdom

Engelsburg

Engelsbrücke

Spaziergang am Tevere

Vorbei an der Engelsburg (3) und nach einem wahrlichen Spießrutenlauf durch die „Verkaufsstände" (Taschen, Taschen, Taschen, Schneekugeln, Schmuck), wechselten wir an der Engelsbrücke ans Ufer des Tevere. Nur ein paar Treppen stiegen wir hinab und gleich hatten wir Ruhe. Unser Spaziergang führte bis zur Piazza del Popolo (4), dem „Platz des Volkes". Nachdem wir ein Weilchen die Atmosphäre an dem Platz erspürt hatten - die Pferdekutsche fand ich ganz besonders niedlich – setzten wir unser Sightseeing mit der Visite des Trevi-Brunnens (5) fort. Dort empfing uns eine Menschenansammlung, die sich zu zwei Dritteln aus den asiatischen Touri-Kollegen zusammensetzte. Wir kämpften uns durch die Meute und taten genau das, was jeder am Trevi-Brunnen tut: Rückwärts Münzen ins Wasser schmeißen. Eine Münze verspricht die Rückkehr nach Rom. Zwei Münzen die Liebschaft mit einem Italiener. Und drei bedeuten die Heirat des Liebsten. Ich entschied mich erst für ein 1-Cent-Stück, meine Mutter ebenfalls. Doch kurz vor unserem Abmarsch überfiel mich die (römische) Romantik. Jedenfalls liegen nun weitere drei 10-Cent-Stücke (die Liebschaft kostet ja vielleicht etwas mehr) am Grund der Fontana di Trevi. Nach diesem emotionalen Einsatz kam uns die Eisdiele neben dem berühmten Brunnen genau recht. "Zweimal zwei", ich konnte es kaum abwarten, mich auf das italienische Gelato zu stürzen. Beim Preis meiner Leibspeise blieb mir selbige fast im Hals stecken. 8 Euro. Für insgesamt vier Kugeln. Naja, wer direkt am Trevi-Brunnen schlemmen muss, ist selber schuld.

An der Piazza del Popolo

An der Piazza del Popolo

Trevi-Brunnen

Das mit den astronomischen Preisen setzte sich wenig später auf der Via Condotti fort. Denn leider, leider führte genau diese Straße mit all ihren fantastischen Gucci-, Louis Vuitton-, Hermès- und Prada-Stores zu unserem nächsten Ziel, der Spanischen Treppe (6). Kurzzeitig unterbrach ich mein Schwelgen, als hinter uns eine Schulklasse antrabte. Rund 50 pubertierende Mädels und Jungs, allesamt mit gelbem Stirnband. Und eine Lehrerin, die brüllte: „Des isch die Schbanische Trepp!". Selbige stiefelten wir hurtig empor, um der schwäbischen Meute zu entkommen. „Jetzt müssen wir uns noch hinhocken", mahnte meine Mama. Weil man das so macht. Oder weil sie ihre Hosenbeine abzippen wollte. Immerhin war es mittlerweile so heiß wie im Hochsommer. Hach. Nachdem wir dann ein paar Minuten das Flair genossen und fünf Verkäufern erklärt hatten, dass wir keine Armbänder, Schneekugeln oder weiß der Geier was erwerben wollten, riefen die nächsten Stationen: das Forum Romanum (7) und das Kolosseum (8).

Via Condotti

Spanische Treppe

"Ich brauche jetzt was Gescheites zum Essen". Langsam etwas energisch werdend teilte mir meine Mama zum wiederholten Mal ihre kulinarischen Bedürfnisse mit. Da wir nach der Via Condotti auf der ähnlich verführerischen Via del Corso entlang schlenderten, lebte ich eigentlich von Luft und Shoppingliebe. Aber gut, ich hatte ja versprochen, mich gut zu führen. Will heißen, keinen Dauer-Run durch Rom, regelmäßig Pasta- und Pizza-Pausen, oder wenigstens mal hinhocken für ein anständiges Bier oder ein Eis. Den Ruhemodus hätte ich zugegebenermaßen gerne ausgelassen, doch ich stimmte verbindlich zu. Im Eilschritt stapften wir also weiter, die Stufen zum Kapitol hinauf, schossen ein paar Fotos. Wir bewunderten das Reiterstandbild, die Säule der Kapitolinischen Wölfin sowie zwei weitere Mega-Statuen. Eine tolle Aussicht hat man von hier oben, vom Kleinsten der sieben Hügel Roms. Und tataaa, nur ein paar Meter weiter kamen wir am Forum Romanum an. Irgendwie schien meine Mutter die Gaumenfreuden vergessen zu haben, auf jeden Fall schlugen wir Wurzeln. Es ist ein echt faszinierender Schauplatz.

Piazza Venezia

Reiterstandbild

Kapitolinische Wölfin

Der Stadtplan, mittlerweile schmückten ihn drei Eselsohren – ich habe stets enorme Probleme mit dem Zusammenfalten - signalisierte uns die Nähe zum Kolosseum. Kurz waren wir abgelenkt von allerlei Gauklern, Pantomime-Stars und den allgegenwärtigen Krimskrams-Verkäufern. Schon von weitem erspähten wir dann das erste Stück Mauer dieses gewaltigen Bauwerks. Staunend – und mit knurrendem Magen – standen wir vor der Arena. Dort, wo früher Streitwagen-Rennen stattfanden und Gladiatoren um Macht buhlten und um ihr Leben kämpften, erwartete uns heute eine Riesenschlange. Weil uns die Wartezeit von mindestens einer Stunde etwas zu lange erschien – wegen Zeitmangel und Hunger – frönten wir dem Bauwerk nur von außen. Einmal drum herum, das hatte ja auch was. Im Nachhinein bekamen wir den Tipp, dass man am besten eine geführte Tour bucht. So, aber jetzt. Mangiare! Unweit des Kolosseums reihte sich eine Pizzeria an die andere. Und die Preise waren sogar ganz passabel. Da wir uns vor jedem Lokal die aushängende Speisekarte zu Gemüte führten, erklärte uns exakt fünf Mal der jeweils davorstehende Kellner, dass seine Pinte die mit Abstand Beste sei.

Kolosseum

Forum Romanum

Nach Lasagne und Salat nutzten wir eine fantastische Möglichkeit, um den angefutterten Kalorien gleich wieder den Garaus zu machen. Wir wanderten, jawohl dieses Wort trifft es am besten, in den Parco di Colle Oppio (9). Eine wunderschöne Oase, die zu einer mehrstündigen Rast einladen würde. Nur ein paar Meter vom Kolosseum sowie dem hektischen Treiben der Stadt entfernt, und doch Erholung pur. Wir begutachteten ein paar Pflanzen, einen XXL-Stein, Ruinen und den niedlichen Brunnen, bevor wir quasi wieder ins Tal schritten. Vorbei am Kolosseum und die Via di San Gregoria entlang kamen wir zu einem riesigen Feld. Viel mehr ist der Circo Massimo (10) auf den ersten Blick eigentlich nicht. Hier war im antiken Rom allerdings der größte Zirkus seiner Zeit angesiedelt. Und 2006 empfing Italien auf dem Circo Massimo seine Helden der Fußball-WM. Ansonsten wird die Fläche kaum mehr genutzt. Da ein paar Bagger und Bauwägen auf Ausgrabungen hindeuteten, waren wir gespannt, was in ein paar Jahren zu sehen ist. Rom muss also regelmäßig besucht werden, ich hatte es erkannt.

Parco di Colle Oppio

Circo Massimo

21

Trastevere

Was wir ebenfalls zu sehen bekamen, war Wasser. Und zwar vom Tevere, oder Tiber, wie wir Deutschen den römischen Fluss nennen. Okay, wenn ich ihn mit meiner geliebten Elbe vergleiche, zieht er eindeutig den Kürzeren, dennoch sollte man einen Spaziergang am Ufer des drittlängsten Flusses Italiens nicht auslassen. Bevor wir genau das taten, überquerten wir erst einmal den Tevere auf der Ponte Palatino und guckten uns Trastevere an. Ein unbedingt sehenswertes Stadtviertel – jedenfalls laut unserem Hotelier, und deshalb folgten wir artig seinen Empfehlungen. "Das hat so ein richtig schönes Altstadtflair", sagte ich verzückt zu meiner Mama, als wir die ersten Meter durch Trastevere schlenderten. In den schmalen Gassen wussten wir gar nicht, ob wir erst nach links oder rechts schauen sollten. Statt breiten Straßen und Auto-Infarkt begeistern ein Geschäft, Restaurant und Café nach dem anderen. Dazwischen jede Menge Kirchen und uralte Mauern. Der Stadtteil verwöhnt Gaumen und Sinne also gleichermaßen. Nach dem mal wieder dringend notwendigen Eis machten wir uns auf in Richtung Stadtkern. Dafür überquerten wir wieder den Tevere und flüchteten schnellstens vor der dicht befahrenen Lungotevere dei Tebaldi. Und zwar so hurtig, dass wir gar nicht mehr wussten, wo wir uns befanden. Egal, denn das planlose Draufloslaufen hat ja so einiges für sich. Etwa, dass man unerwartet an ganz vielen tollen Plätzen, Häusern, und GESCHÄFTEN vorbeikommt. Eine Boutique namens Desire hatte es uns dann ganz besonders angetan. Mama verließ selbige mit Hut und Handtasche, ich mit Kleid und senfgelber Strickjacke. Bei Pasta, Salat, Wein und Asti kosteten wir den römischen Abend noch vollstens aus.

Blick auf den Tevere

Trastevere

Mein Fazit

Hach, Rom ... die Stadt hat mich fasziniert, begeistert, zum Wiederkommen inspiriert. In Rom gibt es unendlich viel zu sehen. Alles an einem Wochenende „zu erledigen", ist kaum möglich und artet in Stress aus. Deshalb: unbedingt Zeit und Muse mitbringen – auch, um gebührend Shopping, Gelato und einfach mal nur „Dasitzen" zu genießen. Und: Die Sehenswürdigkeiten am besten schon frühmorgens besuchen.

Meine Bewertung:

Sightseeing:

Verkehrsmittel:

Essen & Trinken:

Shopping:

Links zu Rom

Rom: http://www.turismoroma.it/?lang=de

https://rom.sehenswuerdigkeiten-online.de/index.html

http://www.italien.info/staedte/rom/Sehenswert-wichtig.aspx

Villa Borghese.

https://rom.sehenswuerdigkeiten-online.de/sehenswuerdigkeiten/villa_borghese.html

Petersplatz:

http://www.vaticanstate.va/content/vaticanstate/de/monumenti/basilica-di-s-pietro/la-piazza.html

Kolosseum: https://rom.sehenswuerdigkeiten-online.de/sehenswuerdigkeiten/kolosseum_rom.html

Forum Romanum:

https://rom.sehenswuerdigkeiten-online.de/sehenswuerdigkeiten/forum_romanum.html

Spanische Treppe:

https://rom.sehenswuerdigkeiten-online.de/sehenswuerdigkeiten/spanische_treppe.html

Trevi Brunnen:

https://rom.sehenswuerdigkeiten-online.de/sehenswuerdigkeiten/fontana_trevi_brunnen_rom.html

Circo Massimo:

https://rom.sehenswuerdigkeiten-online.de/sehenswuerdigkeiten/circus_maximus.html

Piazza del Popolo:

https://rom.sehenswuerdigkeiten-online.de/sehenswuerdigkeiten/piazza_del_popolo_rom.html

Bildnachweis

Alle Bilder innerhalb dieses Buches stammen von:

•Martina Dannheimer

•OpenStreetMap und Mitwirkende, CC BY-SA

•jara3000: